AF748413

www.ingramcontent.com/pod-product-compliance
Lightning Source LLC
LaVergne TN
LVHW010832051026
849532LV00007B/2674

* 9 7 8 9 3 6 9 0 8 2 0 7 0 *

گھر آنگن

(رباعیات)

جاں نثار اختر

Ghar Aangan *(Rubaiaat)*
by: Jan Nisar Akhtar
Edition: July '2025
Publisher :
Taemeer Publications LLC (Michigan, USA / Hyderabad, India)

ISBN 978-93-6908-207-0
9 789369 082070

کتاب	:	**گھر آنگن** (رباعیات)
مصنف	:	**جاں نثار اختر**
صنف	:	شاعری
ناشر	:	تعمیر پبلی کیشنز (حیدرآباد، انڈیا)
سالِ اشاعت	:	۲۰۲۵ء
صفحات	:	۱۰۴
سرورق ڈیزائن	:	تعمیر ویب ڈیزائن

خدیجہ کے نام

جو

میرے لئے صفیہ کا دُوسرا رُوپ ہے

جاں نثار اختر

دیباچہ

کرشن چندر

اُردو میں گھر آنگن کی شاعری بہت کم رہی ہے مگر یہ کلیہ اُردو تک ہی محدود نہیں ہے۔ دُنیا کی بیشتر زبانوں کی شاعری گھر سے باہر کی شاعری رہی ہے "کنارِ آب جُو، میں اور تو" شاعروں کا محبوب موضوع رہا ہے۔ شاعری کے حسین ملبوسات عورت کو پہنائے گئے ہیں مگر گھر سے باہر، جہاں وہ خوب صورت فطرت کا ایک حصّہ بن جاتی ہے یا اُس کا ایک علامیہ۔ عجیب بات ہے کہ شاعر اپنی محبوبہ کو جنگل جنگل، صحرا صحرا تلاش کرتا ہے مگر کبھی وہاں تلاش نہیں کرتا جہاں وہ پائی جاتی ہے یعنی اپنے گھر میں۔

مزاحیہ یا طنزیہ شاعری میں گھر کی عورت کا ذکر آتا ہے مگر اس تذکرے میں عورت ہدفِ ملامت بن کر اُبھرتی ہے۔ رزمیہ شاعری میں عورت ایک نرس ہے یا روتی پیٹتی بیوہ، بے بس اور مجبور، ماحول حشر کا ہے گھر کا نہیں۔ فلسفیانہ شاعری میں بالعموم عرش کے مسائل سے بحث کی جاتی ہے اور عورت بالعموم گھر کے فرش پر کام کرتی ہوئی پائی جاتی ہے۔ کبھی کبھی فلسفی شاعر عورت کا ذکر کر دیتے ہیں تو اکثر اوقات اُس کی متلوّن مزاجی کا گلہ کرتے ہیں، کیوں کہ

عظیم فلسفیانہ شاعری صرف مَردوں نے کی ہے اس لئے اُنھیں یہ حق پہنچتا ہے جو چاہے کہہ دیں۔ گھر کی عورت تک اس فلسفی شاعر کے افکار نہیں پہنچتے کیونکہ وہ اُس کا کھانا تیّار کرنے میں مصروف ہوتی ہے۔

چینی شاعری میں کہیں کہیں گھر کی عورت کے خوب صورت خدوخال اُبھارے گئے ہیں لیکن اس کا کیف و کم اپنے حسین ترین انداز میں سنسکرت شاعری اور اُس سے متاثر ہونے والی ہندوستانی زبانوں میں پایا جاتا ہے جہاں گھر، گھر کی عورت، اور اُس کے اردگرد کے رچے بسے ماحول کی عکاسی نازک ترین جذبات کے ساتھ کی گئی ہے۔ ویسے یہ انصاف سے گریز کرنا ہوگا اگر میں یہ نہ کہہ دوں کہ دُنیا بھر کے لوک گیتوں میں گھر کی عورت کو، اُس کے ماحول کو، اُس کے جذبات کو، اُس کے مصائب اور اُس کی مسرّتوں کو ہمیشہ سے صحیح طریقے سے پیش کیا جاتا رہا ہے۔ شاید اس کی وجہ یہ بھی ہو کہ بیشتر لوک گیت عورتوں نے کہے ہیں، شاید اس کی وجہ یہ بھی ہو کہ مردوں کی زندگی اکثر و بیشتر گھر سے باہر کی زندگی رہی ہے، گھر میں وہ کھانا کھانے، آرام کرنے یا بچّے پیدا کرنے کے لئے آتے ہیں۔ زندگی کے سفر میں گھر کی حیثیت اُن کے نزدیک ایک ریلوے پلیٹ فارم سے زیادہ نہیں رہی جہاں سے وہ دوسری گاڑی پکڑتے ہیں، اور گھر غاروں کے زمانے سے لے کر عورت اور اس کی ذات کا مرکز و مرجع رہا ہے۔

کچھ بھی ہو، اردو شاعری میں اس موضوع سے بے رُخی برتنے کی عادت سی رہی ہے۔ ریختی کو میں صحیح معنوں میں گھر آنگن کی شاعری نہیں کہوں گا، اُس میں زیادہ زور عورت کی زبان کے چٹخارے پر ہے، نظر جنسی مسائل پر ہے جنھیں بالعموم نچلی سطح سے دیکھا گیا ہے، اس لئے مجھے ریختی میں عظمت کے بجائے رکاکت کا احساس ہوتا ہے۔

فراقؔ کہہ سکتے تھے اور اُنھوں نے کہا بھی ہے، اور سنسکرت کے بھرپور اور بیش بہا خزانوں سے استفادہ بھی کیا ہے مگر اپنے منفرد خلاقانہ انداز کے ساتھ۔ لیکن چند رباعیوں کو چھوڑ کر اُن کے ہاں بھی گھر آنگن کا تذکرہ نہیں ملتا۔ ایک خوبصورت ہندوستانی عورت، ہندوستانی مزاج رکھنے والی سُندری کا سراپا ملتا ہے۔ بے حد نازک نقوش ہیں، آبی لہریئے ہیں، ٹھہرے پانیوں میں خوابیدہ رنگوں کو گھلا دینے کی کاوش ہے مگر گھر آنگن کا موضوع تشنہ رہ جاتا ہے۔ فراقؔ اس کے لئے قصوروار نہیں ہیں، اُن کی گھریلو زندگی اس کی ذمہ دار ہے جس کا اعتراف اُنھوں نے بارہا کیا ہے۔

جدید شاعروں میں ندا فاضلی نے اس طرف توجہ کی ہے مگر موضوع کی شش جہتی کی بجائے یہاں خواب کی سی پرچھائیاں

ملتی ہیں اور موضوع بھی دوسرا ہے۔ شاعر اپنے کھوتے ہوئے گھر کی تلاش میں ہے وہ کنکریٹ کے کرٹے تھاروں میں اپنے آنگن کی سوندھی مٹی کو ڈھونڈھتا ہے اور شہر کی سڑکوں پر اپنے گاؤں کی گلیوں کے موڑ یاد کرتا ہے۔ یہ ایک تلاش کی ثنویت کا المیہ ہے۔ اُداسی میں ڈوب کر لکھا گیا ہے۔

آج کل شاعری خارج سے باطن اور عمومیت سے تخصیص کی طرف آرہی ہے، یہ ایک عالمگیر رجحان ہے اور رجحان بنتے بدلتے، بگڑتے سنورتے رہتے ہیں۔ یہ ایک آزمودہ کلیہ ہے۔ میں نے اس کی طرف اس لئے اشارہ کیا کہ مجھے امید تھی کہ خارج سے باطن اور عمومیت سے تخصیص کی طرف آتے ہوئے کسی شاعر کا ذہن اپنے گھر آنگن کی جانب لوٹ آئے گا، اور اردو شاعری کے اس نئے موڑ کے ڈانڈے ہماری قدیم ہندوستانی روایت سے ملادے گا۔ "گھر آنگن" میں جاں نثار اختر نے اپنی انتہائی نازک، حساس اور خلاقانہ آنچ سے یہی کام لیا ہے۔ گھر آنگن کی شش جہتی کو، اس کی کندنی کیفیتوں کے ساتھ اس طرح آشکار کیا ہے کہ اس کی آوازہیرے کا ایک ترشا ہوا نگینہ بن گئی ہے، جو سہاگ کے جھومر کی طرح عورت کے ماتھے پر دمک رہا ہے۔

جانے کب سے میں جاں نثار اختر کو اس موڑ کی طرف آتے ہوئے دیکھ رہا تھا۔ کچھ تو اُس کا مزاج اور اُس کی شاعری کے ترکیبی عناصر جن میں وادیٔ گنگ و جمن کا حُسن ــ جہاں انسان نے اپنے اوّلین گھر بنائے، اپنی بہترین خصوصیات اور اپنے کلچر کی اعلیٰ ترین روایات کے ساتھ، نمایاں ہے۔ پھر جاں نثار اختر کو گھر کا سکھ بھی وافر ملا، جہاں صفیہ نے اُسے چھوڑا وہاں سے خدیجہ نے اُس کا دامن تھام لیا، اور اُسے وہ کمی محسوس نہ ہونے دی جہاں انسان کھوئی ہوئی جنت کی طرح کسی کھوتے ہوئے گھر کی تلاش کرتا ہے۔ پھر اُس کی شاعری کی اندرونی لَے بھی اس موضوع سے کامل طور پر ہم آہنگ تھی۔ جاں نثار اختر کی شاعری کا لہجہ کبھی بلند آہنگ اور کڑک گرج والا نہیں رہا۔ اُسے چیختے ہوئے رنگ پسند نہیں۔ اُس کی شاعری دھیمی دھیمی آنچ پر پکتی ہے، گھر کے سالن کی طرح۔ اور اُس کی تشبیہوں، علامتوں اور استعاروں سے آنگن میں کھڑے ہوئے پیڑوں کی جھولتی شاخوں کی صدا آتی ہے۔

کبھی تو اُس کی لَے کپڑے دھوتے ہوئے بیوی کی چھوا چھو ہے، تو کبھی مسکراتی آنکھوں کے ساتھ زیرِ لب گنگناہٹ، تو کبھی ایک ایسا شیریں گیت جس کی آواز صاف اور غیر مبہم ہونے کے

باوجود گھر کے آنگن سے باہر نہیں جاتی۔

اختر کے دھیمے لہجے، متوازن معتدل مزاج اور گہرے دھارے کی طرح اندر ہی اندر بہنے والے جذبے نے اس مشکل موضوع سے مکمل انصاف کیا ہے اور اُردو شاعری کو ایک نیا تجربہ، ایک الگ موضوع اور ایک نیا تصوّر عطا کیا ہے جو بیک وقت قدیم بھی ہے اور جدید بھی۔

عام طور پر شاعروں اور ادیبوں نے بیوی اور محبوبہ کو الگ الگ انفرادی حیثیت دی ہے۔ شاعروں نے بیوی کو تو ایک سِرے سے ہی نہیں گردانا۔ ناول نگار بھی اپنا ناول وہاں ختم کر دیتے ہیں جہاں پہ محبوبہ بیوی بن جاتی ہے، مطلب یہ کہ اب قصّے میں کوئی دل چسپی نہیں رہی۔ ختم شد۔

اختر نے "گھر آنگن" میں اس بات کو وہاں سے شروع کیا ہے جہاں اکثر ناول نگار اور افسانہ نگار اُسے ختم کرتے ہیں۔ وہی اختر کے لیے ابتدا ہے۔ ازدواجی زندگی کے سُکھ دُکھ، باہمی رفاقت، پیار اور محبت کا گہرا اگداز جس سے اس دنیا کے کروڑوں گھر ایک خوب صورت زندگی سے جگمگاتے ہیں اور جنھیں اکثر و بیشتر شاعر اور ادیب خاطر میں نہیں لاتے، نہ اپنی شاعری میں اسے کوئی جگہ دیتے ہیں۔

یہی اصل میں "گھر آنگن" کا موضوع ہے جہاں میاں بیوی سُکھ دُکھ بانٹ کے جیتے ہیں۔

کہتے ہیں کہ تُو غم کو بھی دیدیتی ہے روپ
گھر تک نہیں محدود ترا روپ انوپ
جیون کی سلگتی ہوئی راہوں میں بھی تو
جب ساتھ چلے تو نرم پڑ جاتی ہے دھوپ

فکروں سے اُتر گئی ہے صورت اُن کی
اُلجھی ہوئی رہتی ہے طبیعت اُن کی
آئے گی سکھی کہاں سے ہمّت اُن میں
میں ہی نہ بندھاؤں گی جو ہمّت اُن کی

میں اُن کا سکھی ہاتھ بٹا سکتی ہوں
حالات کو ہموار بنا سکتی ہوں
وہ بوجھ اُٹھائیں گے اکیلے کب تک
میں خود بھی تو کچھ بوجھ اُٹھا سکتی ہوں

اختر کی عورت ڈرائنگ روم میں سجی ہوئی گڑیا نہیں ہے جس نے اپنی زندگی کا سارا بار اپنے شوہر کے کندھوں پر گرا دیا ہے اور خود سب مسائل سے الگ تھلگ میک اپ کئے اپنے آپ میں مگن بیٹھی ہے۔ اختر کی محبوبہ گھر کی بیوی ہے، کام کرنے والی عورت ہے:

گاتی ہوئی ہاتھوں میں یہ سنگر کی مشین
قطروں سے پسینے کے شرابور جبین
مصروف کسی کام میں دیکھوں جو تجھے
تو اور بھی مجھ کو نظر آتی ہے حسین

وہ اون کے ڈالے ہوئے پھندے گن کر
طے کر چکی سوئیٹر کی رکھے کیا یہ جوڑائی
اب جانے وہ کیا سوچ رہی ہے من میں
ہونٹوں میں دبائے ہوئے بننے کی سلائی

سوتے سے اٹھی کہ گرم کھانا کردے
لوکا جو لگا جھلس گئی سب کایا
آیا ہے جو ہوش پوچھتی ہے اُن سے
بتلائیے سچ، آپ نے کھانا کھایا

اس کام کرنے والی عورت کا پیار بھی انوکھا ہے ۔ کروڑوں کھروں کے لئے انوکھا نہیں ہے ۔ یہ سعادت اخترؔ کی شاعری کو نصیب ہوئی کہ اُس نے اس کام کرنے والی ہندوستانی عورت کے پیار کی مختلف جھلکیاں دھنک کے مختلف رنگوں کی طرح اپنی شاعری کی محراب میں سجاکر رکھ لیں۔

آہٹ مرے قدموں کی جو سُن پائی ہے
اِک بجلی سی تن بدن میں لہرائی ہے
دوڑی ہے ہر اک بات کی سُدھ بسرا کے
روٹی جلتی، توے پہ چھوڑ آئی ہے

آہٹ مرے قدموں کی سُنی تو اُس پل
سوتی ہوئی بن کے پڑ گئی ہے چنچل
تلووں میں جو جاکے گدگدایا میں نے
چہرے سے اُلٹ دیا ہے ہنس کر آنچل

نظروں سے مری خود کو بچالے کیسے
کھُلتے ہوئے سینے کو چھُپالے کیسے

آٹے میں سنے ہوئے ہیں دونوں ہی تو ہاتھ
آنچل جو سنبھالے تو سنبھالے کیسے

ہر صبح اٹھے اٹھ کے اندھیرے سے نہائے
آنکھیں جو اٹھائے بھی تو نظریں نہ ملائے
راتوں کا مگر بھید چھپائے نہ چھپے!
بھیگے ہوئے بالوں سے مہک سی آجائے

گھریلو جیون کی ہر آن بدلتی ہوئی ایسی سیکڑوں تصویریں ہیں جو آپ کو اختر کی شاعری کے درپن میں جھلملاتی نظر آئیں گی۔ جی چاہتا ہے آپ کو کچھ اور رباعیات اور قطعات بھی سناؤں، مگر پھر سوچتا ہوں آپ کے لئے بچے گا کیا؟ آپ خود دیکھیے اور پڑھیے اور اس البیلے شاعر کی قوت مشاہدہ۔ گہری نفسیاتی گرفت اور زبان و بیان کی حلاوت کا اندازہ کیجئے جس میں ہمارے دیش کے کلچر کی سوندھی خوشبو رچی ہے،

اختر کی وسیع النظر شاعری گھریلو جیون کی ساری خوشیاں اپنی مانگ میں بھرتے ہوئے بھی یہ سوال کرنے پر مجبور ہو جاتی ہے ـــــ:

بس اپنے ہی گھر کا سکھ تو کچھ بھی نہ ہوا
ہر گھر کو ملے گی گھر کی راحت کس دن
کس روز ہر اک صحن میں مہکیں گے گلاب
آنگن آنگن بسے گی جنت کس دن

کرشن چندر

بس تین ہی چیزیں ہیں وطن کا زیور
اس دیس کی سنسکرتی کا اصلی جوہر
اک پھول گلاب، ایک ندی گنگا
اک نار جسے بلائیں گوری کہہ کر

تو دیش کے مہکے ہوئے آنچل میں پلی
ہر سوچ ہے خوشبوؤں کے سانچے میں ڈھلی
ہاتھوں کو یہ جوڑنے کا دلکش انداز
ڈالی پہ کنول کی جس طرح بند کلی

دو روحوں کی یہ جنم جنم کی یکجائی
لپٹے ہوئے دو بدن یہ باہم انگڑائی
یگ یگ سے دلوں میں گونجتے پیار کے گیت
صدیوں سے یہ آنگنوں میں بجتی شہنائی

وہ پہلے پہل تجھ کو منانے کا سرور
گھونگھٹ میں وہ مکھڑے کا جھکتا ہوا نور
شرما کے وہ بانہوں میں سمٹنا تیرا
آنکھوں میں کنوار پن کا میٹھا وہ غرور

یہ سولہ سنگھار اور یہ بارہ ابھرن
ہر طرح سجی ہے پھر بھی بھرتا نہیں من
جب تک نہ پیا آن کے انکھیاں موندیں
رکھنے کی نہیں آج تو گوری درپن

سینے پہ پڑا ہوا یہ دوھرا آنچل
آنکھوں میں یہ لاج کا لہکتا کاجل
تہذیب کی تصویر، حیا کی دیوی
پر سیج پہ کتنی شوخ؛ کتنی چنچل

ہر صبح اُٹھے، اُٹھ کے اندھیرے سے نہائے
آنکھیں جو اٹھائے کبھی تو نظریں نہ ملائے
راتوں کا مگر بھید چھپائے نہ چھپے
بھیگے ہوئے بالوں سے مہک سی آجائے

ہر آن وہ ہوتی ہوئی پلکیں بھاری
اک نشہ سا خود بدن پہ ہوتا طاری
وہ تیری سپردگی کا عالم توبہ
کولھوں سے وہ خود بخود سرکتی ساری

کپڑوں کو سمیٹے ہوئی اٹھی ہے، مگر
ڈرتی ہے کہیں اُن کو نہ ہو جائے خبر
تھک کر ابھی سوئے ہیں، کہیں جاگ نہ جائیں
دھیرے سے اڑھا رہی ہے انکو چادر

کہتی ہے کہ اتنا نہ کرو تم اصرار
گر جاؤں گی خود اپنی نظر سے اکبار
ایسی ہی تمہیں ضد ہے تو، اس پیالے میں
میرے لئے صرف چھوڑ دینا اک پیار

ہر چاندنی رات اُس کے دل کو دھڑکائے
بھولے سے بھی کھڑکیوں کے پردے نہ ہٹائے
ڈرتی ہے کسی وقت کوئی شوخ کرن
چپکے سے نہ اُن کے پاس آکر سو جائے

ہر صبح کو غنچے میں بدل جاتی ہے
ہر شام کو شمع بن کے جل جاتی ہے
اور رات کو جب بند ہوں کمرے کے کواڑ
چھٹکی ہوئی چاندنی میں ڈھل جاتی ہے

کر جائیں پیا نہ پھر سے راتیں سونی
سوچا ہے کرے گی اب سے خاطر دونی
پنڈے میں بسا کے ارگجے کی خوشبو
بالوں میں اگر کی دے رہی ہے دھونی

گاتی ہوئی ہاتھوں میں یہ سنگر کی مشین
قطروں سے پسینے کے شرابور جبین
مصروف کسی کام میں دیکھوں جو تجھے
تُو اور بھی مجھکو نظر آتی ہے حسین

آہٹ مرے قدموں کی جو سُن پائی ہے
اِک بجلی سی تن بدن میں لہرائی ہے
دوڑی ہے ہر اِک بات کی سُدھ بسرا کے
روٹی جلتی، توے پہ چھوڑ آئی ہے

نظروں سے بری خود کو بچا لے کیسے!
کھلتے ہوئے سینے کو چھپا لے کیسے!
آٹے میں سنے ہوئے ہیں دونوں ہی تو ہاتھ
آنچل جو سنبھالے تو سنبھالے کیسے

دیکھے مرے شانے پہ جو چسپاں کوئی بال
اِک لمحے کو اُسکا غیر ہو جاتا ہے حال
یکبارگی اُسکے سوکھتے ہونٹوں پر
رہ جاتے ہیں کپکپا کے کتنے ہی سوال

نیلی ساڑی میں لہر کھاتا یہ بدن
آنچل پہ ٹکی ہوئی روپہلی یہ کرن
چڑھتی ہے، جو کہتا ہوں کہ تو نے ابتک
چھوڑا نہیں. بجلیاں گرانے کا چلن

آہٹ مرے قدموں کی سُنی تو، اُس پل
سوتی ہوئی بنکے پڑگئی ہے چنچل !
تلووں میں جو، جاکے گدگدایا میں نے
چہرے سے اُلٹ دیا ہے ہنس کر آنچل

جب چار پہر رات گزر جاتی ہے
خود شمع کی لو آپ سے تھرّاتی ہے
ہاتھوں میں کھُلی کتاب کے صفحے پر
اکثر تِری تصویر اُبھر آتی ہے

راحت نہیں ملتی ترے پہلو کے سوا
اب نام بھی کیا دوں اِسے جادو کے سوا
خوشبو کوئی نس نس میں اُترتی ہی نہیں
اک تیرے جواں بدن کی خوشبو کے سوا

اُن کے آنے کی کل سے خبریں سن کے
پھرتی ہے نظر نظر میں سپنے بن کے
دھانی، اگری، فالسئی، انگوری
رکھے ہیں نہ جانے، کَے دوپٹے چن کے

شانوں پہ مہکتا ہوا زلفوں کا دھواں
مکھڑے پہ کھلی ہوئی چنبیلی کا سماں
گلنار جو ساڑی ہے تو نیلی چولی
تجھ پہ تو اساوری کا ہوتا ہے گماں

ہر ایک گھڑی شاق گزرتی ہوگی
سو طرح کے وہم کرکے مرتی ہوگی
گھر جانے کی جلدی تو نہیں مجھکو، مگر
وہ چائے پہ انتظار کرتی ہوگی

دل کہتا ہے گوری کا وہ آئیں گے ضرور
کھڑکی سے پرے دیکھ رہی ہے کہیں دور
آتے انھیں دیکھ لے تو پھر مانگ بھرے
چٹکی میں لئے بیٹھی ہے کب سے سیندور

پرواہ نہ سردی کی، نہ جاڑے کا خیال
کیا غم جو ہوا سے تمتماتے رہیں گال
اک آنچ سی تن بدن میں لہراتی ہے
گوری اوڑھے ہے اُن کی اوڑھی ہوئی شال

ہر آن اُنھیں کی شکل آنکھوں میں پھرے
اک آگ لگی ہوئی ہے تن من میں مرے
کہتی ہے مری مثال اُس شمع کی ہے
جس شمع کے جلتے ہوں سکھی دونوں سرے

اشکوں سے بھرے نین کلائی سے چھپائے
کہتی ہے میں کیا مانگوں بس اب اِسکے سوائے
جاتے ہو تو سینے سے لگا کر اک بار
یوں بھینچ لو مجھ کو کہ مِرا دم گھُٹ جائے

رو رو کے کہے جاتے ہیں گوری کے نیَن
تم بِن میں کہاں پھروں گی ماری بن بن
جاؤں نہ مجھے جھٹک کے یوں دھول سماں
کچھ بانہہ گہے کی لاج رکھ لو ساجن

اک بار گلے سے اُن کے لگ کر رولے
جانے کو کھڑے ہیں، اُن سے اب کیا بولے
جذبات سے گھُٹ کے رہ گئی ہے آواز
کس طرح سے آنسوؤں کے پھندے کھولے

گھڑیاں جو برہ کی چین لوٹے جائیں
دُکھ سُکھ کے سبھی خیال چھوٹے جائیں
ساجن کا مگر دھیان نہ توڑے گوری
برتن ہاتھوں سے گِر کے ٹوٹے جائیں

آنکھیں یہ تھکن سے چور، اشکوں سے بھری
آنگن میں برس رہی ہے کیوں مولسری
آئے نہ پیا آج بھی وعدہ کر کے
گوری کو ڈسے لیتی ہے ساڑی یہ ہری

جگ بیت گئے لوٹ کے ساجن نہیں آئے
رات آئے، چلی جائے، مگر آس نہ جائے
آنکھوں کی گنوا چکی ہے جوتی لیکن
بیٹھی ہے دیا آج بھی چوکھٹ پہ جلائے

پانی کبھی دے رہی ہے پھلواری میں
کپڑے کبھی رکھ رہی ہے الماری میں
تو کتنی گھریلو سی نظر آتی ہے
لپٹی ہوئی، ہاتھ کی دھلی ساری میں

شکنیں ساڑی کی لاکھ ہاتھوں سے مٹائے
چھنکی ہوئی چوڑیوں کو آنچل سے چھپائے
آئی ہے نکل کے تنگ بانہوں سے ابھی
بھیگے ہوئے ہونٹوں سے کہاں تک جھٹلائے

سیکھے کوئی کاش تجھ سے حسنِ گفتار
ہر بات کا ایک خوبصورت اظہار
یہ رنگ ادب کا؛ یہ روایت کا رچاؤ
جملوں میں سلیقے سے پروئے اشعار

چپ چاپ جو بات مان جاؤ تو کہوں
تم کوئی بہانہ نہ بناؤ تو کہوں
دیوار کے بھی کان ہوا کرتے ہیں
اک اور ذرا قریب آؤ تو کہوں

اب اِس کو کفایت کہو یا اُس کا شعور
عورت کا تو یہ گُن ہے سدا سے مشہور
ہر طرح کی تنگی بھی اُٹھا لے گی، مگر
چپ چاپ سے کچھ بچا کے رکھے گی ضرور

کب پورے ہوں جانے ترے ارماں ترے خواب
کب جانے کٹے یہ تنگدستی کا عذاب
کب آئے نہ جانے، وہ فراغت کی گھڑی
لکھنا نہ پڑے جب، تجھے پیسوں کا حساب

تخیل میں جگمگا رہی ہو کب سے
چھپ چھپ کے لویں جلا رہی ہو کب سے
آؤ، آؤ مرے مقابل آؤ!
پیچھے کھڑی مسکرا رہی ہو کب سے

کہنے لگی مجھ سے سُن کے میرے قطعات
چھپ سکتے نہ تھے آپ سے میرے جذبات
پھر بھی مرے نزدیک بڑے وہ ہیں آپ
لکھی ہے بس اپنے فائدے کی ہر بات

کہتی ہے کہ سہہ لوں گی جو سہنے پڑے غم
کچھ دیر کے اور ہیں زمانے کے ستم
تم اپنے ارادوں کو نہ کرنا کمزور
پیچھے نہ ہٹانا کہیں گھبرا کے قدم

انساں تجھے کہتا تھا کبھی سیج کا پھول
صدیوں میں کھلی ہے جا کے صدیوں کی یہ بھول
جب تک ترے جذبات کی دولت نہ ملی
تہذیب کے دنیا نہ بنا پائی اصول

یہ تیرا سبھاو، یہ سلیقہ، یہ سروپ
لہجے کی یہ چھاؤں، گرم جذبوں کی یہ دھوپ
سیتا بھی، شکنتلا بھی، رادھا بھی، تو ہی
یگ یگ سے بدلتی چلی آئی ہے تو روپ

آواز کہ بجتے ہوں پگھل کر نغمات
وہ کون ہے جو مان نہ لے گا تری بات
لہجے کی یہ بے پناہ نرمی، یہ گداز
دھڑکے ہوئے دل پہ جیسے رکھ دے کوئی ہات

تو یوں تو سدا رہی ہے جیون کی شریک
ایسے میں کہ صحت ہے نہ حالات ہیں ٹھیک
رہتا ہے یہ احساس برابر مجھ کو
تو اور بھی آ گئی ہے میرے نزدیک

اکبار خلا میں ذہن کھو جاتا ہے
جاگا ہوا ہر خیال سو جاتا ہے
تو مجھ سے ذرا بھی ترش ہو جائے اگر
ہر کام سے جی اُچاٹ ہو جاتا ہے

بھٹکا ہوا ذہن تھا تو بکھرے جذبات
سوچا بھی نہ تھا کہ بن سکے گی کوئی بات
میں جو بھی بنا ہوں وہ بنا ہوں تجھ سے
میں کچھ نہیں ہوتا جو نہ ہوتا ترا ساتھ

تیرے لئے بیتاب ہیں ارماں کیسے
در آ مرے سینے میں کسی دن ایسے
بھگوان کرشن کی سجل مورت میں
چپ چاپ سما گئی تھی میرا جیسے

بس اپنے ہی گھر کا شکوہ تو کچھ بھی نہ ہوا
ہر گھر کو ملے گی گھر کی راحت کس دن
کس روز ہر اک صحن میں مہکیں گے گلاب
آنگن آنگن بسے گی جنت کس دن

آنگن میں کھلے گلاب پر جا بیٹھی
ہلکی سی اُڑی تھی اُن کے قدموں سے جو دھول
گوری تھی کہ بالوں میں سجانے کے لئے
چپ چاپ سے جا کے توڑ لائی وہی پھول

یہ میز، یہ گلدان، یہ تصویر، یہ لیمپ
ہر چیز کے مکھڑے پہ ہنسی ہو جیسے
سوچوں کہ یہ سب کیوں ہے تو لگتا ہے مجھے
تم گھر کی ہر اک شے میں بسی ہو جیسے

تو خود بھی حسین ہے مگر دنیا میں
ایسا بھی نہیں، کوئی حسین اور نہیں
پر اتنا مجھے یقیں ہے میرے گھر میں
جو تجھ سے ہے روشنی کہیں اور نہیں

یہ راز سمجھ میں نہیں آیا اب تک
ہر چند میں اپنا جائزہ لیتا ہوں
جو بات چھپاتا ہوں میں خود اپنے سے
وہ بات میں تجھ سے کیسے کہہ دیتا ہوں

اب تک وہی بچنے کی سمٹنے کی ادا
ہر رات مناتا ہے مرا پیار تجھے
سمجھا تھا تجھے جیت چکا ہوں لیکن
لگتا ہے کہ جیتنا ہے ہر بار تجھے

یہ میز، یہ قالین، یہ صوفے، یہ کُشن
ہر شام یہ ڈھلتی ہوئی مے ساغر میں
اِس پر بھی نہ جانے کیوں یہ لگتا ہے مجھے
کچھ بھی تو نہیں سوائے تیرے گھر میں

کہتی ہے تمہاری مدھ بھری آنکھوں کی
مستی ہی تو مدہوش بناتی ہے مجھے
جس دن نہ پیئو، عجب سا لگتا ہے مجھے
کھُلتے ہوئے تم سے شرم آتی ہے مجھے

بکھرے ہوئے جذبات، بھٹکتی ہوئی روح
یہ بات میں سوچتا بھی آخر کیسے
اک روپ میں ڈھل جائے گی میری ہستی
تو بڑھ کے مجھے سمیٹ لے گی ایسے

ایسا بھی ہوا کہ میں نے اکثر اوقات
خود جان کے تیری یاد کو ٹالا ہے
ایسا بھی ہوا کہ بے خیالی میں کبھی
سو طرح سے تیرا نام لکھ ڈالا ہے

وہ سامنے ہو نہ ہو مگر آٹھ پہر
آنکھوں میں بسی رہتی ہے اُسکی تنویر
اُجلی ساڑی کے بے شکن آنچل سے
ہر صبح جو پونچھتی ہے میری تصویر

وہ پاس کے کمرے سے کسی قدموں کی
یک بارگی موہوم سی آہٹ توبہ
پہلو سے مرے، ترا تڑپ کر اُٹھنا
اُجلی ساڑی کی ملگجاہٹ توبہ

تھالی میں یہ گیندے کے دہکتے ہوئے پھول
پھولوں میں یہ جلتے ہوئے چومکھی دئیے
تو آپ ہی دیوی سے بھلا کیا کم ہے
اسطرح چلی ہے کس کی پوجا کے لئے

بیٹھی ہے سہاگنی انھیں کی دھن میں
آنگن میں چہک رہا ہے ننھا بالک
سینے میں سلگتی ہے برہ کی اگنی
نینوں میں مگر چھائی ہوئی ہے ٹھنڈک

وہ کون سے رنگ کا دوپٹہ اوڑھے
چندری تو کبھی کی ہو چکی ہے چوری
ساجن سے کھڑی پوچھ رہی ہے کب سے
سینے کو ہتھیلیوں سے ڈھانپے گوری

جاتے ہوئے وہ پیار سے کہنا میرا
ہر رات تو سپنوں میں نظر آئے گی
اور اُس کا بڑے ناز سے اتنا کہنا
کیا میرے بنا نیند بھی آ جائے گی

دروازے کی کھولنے اٹھی ہے زنجیر
لوٹا ہوں کہیں سے جب کبھی پی کر کسی رات
ہر بار اندھیرے میں لگا ہے ایسا
جیسے کوئی شمع چل رہی ہو مرے سات

پیروں میں یہ چاندی کی چھنکتی پائل
چھلوں کے یہ انگلیوں میں بجتے گھنگھرو
ہاتھوں میں یہ رہ رہ کے کھنکتے کنگن
لگتا ہے کہ سچ مچ کوئی سنگیت ہے تو

کہتی ہے کہ وحشت کی بھی حد ہوتی ہے
کپڑوں کا بھی ہوش تم بھلا دیتے ہو
جب دیکھو گریبان کھلا رہتا ہے
کیا جانے بٹن کہاں گرا دیتے ہو

کمبخت بدل ڈال یہ بھیگے کپڑے
اب اُن سے بہت کھیل چکی تو ہولی
کیا سوچ رہی ہے کہ اُتاروں کہ نہیں
رنگوں سے یہ ساجن کی بھگوئی چولی

بیتے لمحوں کی جانے کتنی باتیں
رہ جاتی ہیں صرف یاد آنے کے لئے
اک ہاتھ میں تو چائے کی پیالی تھامے
ہر صبح کو آتی تھی جگانے کے لئے

سوتے سے اُٹھی کہ گرم کھانا کر دے
لوکا جو لگا، جُھلس گئی سب کایا
آیا ہے جو ہوش، پوچھتی ہے اُن سے
بتلائیے سچ، آپ نے کھانا کھایا

غازہ ہے نہ سرخی ہے نہ کاجل کی لکیر
یہ سادگی اور اُس پہ یہ عالم ، یہ بہار
اُس روز نہ جانے کیا قیامت ٹوٹے
جس روز اُتر آوگی کرنے پہ سنگھار

سگریٹ یہ نازنین بہ نازک اندام
مجھ سے ہے اگر قریب کوئی تو یہی
ہردم مرے ہونٹوں سے لگی رہتی ہے
تیری ہے اگر رقیب کوئی تو یہی

دینا نہ کسی کو اپنی پہنی ساڑی
جو تیرے بدن کو چھو چکی ہو اکبار
اسطرح چرائے تری خوشبو کوی
برداشت یہ کیسے کرسکے گا مرا پیار

چولھے پہ پکاتے ہوئے روٹی، اکبار
چٹکا جو لگا تو پڑ گئے ہیں چھالے
پھر بھی انھیں ہاتھوں سے وہ کپڑے دھوئے
اور خود ہی نچوڑ، الگنی پر ڈالے

کیوں ہاتھ جلا، لاکھ چھپائے گوری
سکھیوں نے تو کھول کر پہیلی رکھ دی
ساجن نے جو پلّو ترا کھینچا تو نے
جلتے ہوئے دیپک پہ ہتھیلی رکھ دی

سہہ سکتی ہے میری بے نیازی بھی مگر
وہ دوسرا راستا نہیں چن سکتی
وہ میری برائیاں سُنے اوروں سے!
وہ میرے خلاف کچھ نہیں سن سکتی

کل تم تو چلی جاؤگی، پھر کون بھلا
اسطرح رکھے گا مرے پینے کا حساب
ہاتھوں سے مرے، چھین کے بوتل ہر رات
اپنے ہاتھوں سے کون ڈالے گا شراب

اُٹھی ہے مگر صبح سے دُکھتا ہے بدن
پر، اسکا علاج بھی بھلا کیا کیجے
کہتا ہوں کہ لاؤ میں دبا دیتا ہوں
کہتی ہے کہ بس آپ تو رہنے دیجے

محفل میں ترا الگ تھلگ سا رہنا
لیکن کہیں چھپتی ہے چھپائے سے لگن
یہ سچ ہے کہ اعتماد بڑھ جانے پر
آجاتا ہے اک طرح کا بیگانہ پن

ہر پل اُنھیں آنکھوں میں بسائے رکھے
اک لمحہ جدائی کا نہ ہونے دے تلف
خط لکھتی ہے آنگن میں جو پیڑھی ڈالے
سورج کی طرف پیٹھ ہے، رُخ انکی طرف

وہ رقص ہو، موسیقی ہو یا کوئی بھی فن
عورت کو حسین تر بنا دیتا ہے
کمروں کی فضا میں گھول دیتا ہے سرور
خود گھر کو نئی طرح سجا دیتا ہے

یہ گول کلائیوں میں بجتے کنگن !
پوروں سے یہ انگلیوں کے چھنتے ہوئے راگ
فرصت میں ستار چھیڑ دیتی ہے جو تو
لگتا ہے کہ گنگنا اُٹھے گھر کے بھاگ

آنکھوں میں لئے موہنی صورت تیری
پلکوں پہ لئے تری مہکتی چھایا
جب رات گئے کبھی میں گھر لوٹا ہوں
اپنے بستر پہ تجھکو سوتا پایا

وہ اُون کے ڈالے ہوئے پھندے گن کر
طے کر چکی سوئیٹر کی رکھے کیا، چوڑائی
اب جانے وہ کیا سوچ رہی ہے من میں
ہونٹوں میں دبائے ہوئے بُننے کی سلائی

بُک شیلف ہو گلدان ہو یا چائے کا سیٹ
وہ گیس کا چولھا ہو کہ بجلی کا تنور
لے آئے نئی چیز اگر گھر کے لئے
پھر کئی دنوں تلک رہے گی مسرور

چپ رہ کے ہر اک گھر کی پریشانی کو
کس طرح نہ جانے تو اُٹھا لیتی ہے
پھر آئے گئے سے مسکرا کر ملنا
تو کیسے ہر اک درد چھپا لیتی ہے

آن کی زبانی

جذبوں کی گرہ کھول رہی ہو جیسے
الفاظ میں رس گھول رہی ہو جیسے
اب شعر جو لکھتا ہوں تو یوں لگتا ہے
تم پاس کھڑی بول رہی ہو جیسے

وہ نار جسے دیش کا کہیے سو بھاگ
ہر سانس تپسیا، نظر پریم کا تیاگ
جو آگ کے شعلوں سے گزر سکتی ہے
جو موت سے اپنا چھین سکتی ہے سہاگ

مت کہہ، اُنھیں روپ سے رجھا لے ہے سکھی
یوں تو گزرتی ہوئی چھایا ہے سکھی
سچ، میں نے بہت تپسیائیں کی ہیں
تب من کہیں اُن کا موہ پایا ہے سکھی

ہر رسم و روایت کو کچل سکتی ہوں
جس رنگ میں ڈھالیں مجھے، ڈھل سکتی ہوں
اُکتانے نہ دوں گی اُن کو اپنے سے کبھی
اُن کے لیے سو روپ بدل سکتی ہوں

ڈالی کی طرح چال لچک اُٹھتی ہے
خوشبو سے ہر اک سانس چھلک اُٹھتی ہے
جوڑے میں جو وہ پھول لگا دیتے ہیں
اندر سے مری روح مہک اُٹھتی ہے

وہ پھول کبھی چومیں تو کلیجا مِل جائے
کہتی ہے یہ پیار کیوں نہ مجھکو کھل جائے
اُدھروں سے جو مرلی کو لگاتے کانہا
کس طرح نہ اپنے من میں رادھا جل جائے

وہ آئیں گے چادر تو بچھا دوں کوری
پر دل کی ذرا اور بھی کس دوں ڈوری
اپنے کو سنوارنے کی سدھ بدھ بھولے
گھر بار سجانے میں لگی ہے گوری

گھر آئی ہیں گھومتی گھٹائیں گھنگھور
آنگن میں مچا رہی ہے پُروائی شور
اب لوٹ کے آجاؤ، کہ دن گن گن کے
ساجن! مری انگلیوں کے دُکھنے لگے پور

آنچل ہی نہیں جسم بھی لہرایا ہے
آنکھوں میں قیامت کا نشا چھایا ہے
وہ دور ہیں، پھر سکھی یہ قصّہ کیا ہے؟
"کل شام وہ آ رہے ہیں، خط آیا ہے"

لہراؤں گی مہکا ہوا آنچل بن کے
شانے پہ اُڑے گی زلف بادل بن کے
ساجن مرے جس گھڑی براجیں گے سکھی!
آنگن میں چھنک اٹھوں گی پائل بن کے

ہونٹوں پہ ہنسی، نہ مکھ پہ سونے کی ڈلک
کیا جانے کہاں کھو گئی آنچل کی ڈھنک
آنگن میں چنبیلی تو کھلی ہے، لیکن
ساتھ اُنکے چلی گئی چنبیلی کی مہک

پلکوں سے ہے غم کی گرد پل پل چھنتی
اب بات بنائے نہیں ساجن بنتی
یوں روح بھٹک رہی ہے تن میں جیسے
جنگل میں پکارتی پھرے دمنبتی

جو تم ہو مرے ساتھ، جو تم ہو مرے پاس
ہو غم بھی تو غم کا نہیں ہوتا احساس
جنگل ہو، محل ہو سب برابر ہے مجھے
جب تک مجھے تنہا نہیں دیدو بن باس

شام اور بھی دلنشین ہو جاتی ہے
پھولوں کی طرح زمین ہو جاتی ہے
چلتی ہوں جو ساتھ ساتھ اُنکے تو سکھی
خود چال مری حسین ہو جاتی ہے

رہتا ہے عجب حال مرا اُن کے سات
لڑتے ہوتے اپنے سے گزر جاتی ہے رات
کہتی ہوں کہ اتنا نہ ستاؤ مجھ کو
ڈرتی ہوں کہیں مان نہ جائیں مری بات

وہ جان کے بھی مجھکو ستاتے ہیں کبھی
نکلوں جو نہا کے تو ڈراتے ہیں کبھی
آئینے کے آگے نہ بدلنا کپڑے
آئینے میں عکس رہ بھی جاتے ہیں کبھی

وہ ضد پہ اُتر آتے ہیں اکثر اوقات
ہر چیز پہ وہ بحث کریں گے مرے سات
ہرگز بھی نہ مانیں گے، جو میں چاہوں گی
لیکن جو میں چاہوں گی، کریں گے وہی بات

دنیا کی انھیں لاج نہ غیرت ہے سکھی
اُن کا ہے مذاق، میری آفت ہے سکھی
چھیڑیں گے مجھے جان کے سب کے آگے
سچ، اُن کی بہت بُری یہ عادت ہے سکھی

کیا جانے خلش دل کی کدھر جاتی ہے
رنگت مرے چہرے کی نکھر جاتی ہے
آنکھیں وہ مری چوم جو لیتے ہیں سکھی
آنکھوں میں مری، نیند سی بھر جاتی ہے

فکروں سے اتر گئی ہے صورت اُن کی
اُلجھی ہوئی رہتی ہے طبیعت اُن کی
آئے گی سکھی کہاں سے ہمت اُن میں
میں ہی نہ بندھاؤں گی جو ہمت اُن کی

من تھا بھی تو لگتا تھا پرایا ہے سکھی
تن کو تو سمجھتی تھی کہ چھایا ہے سکھی
اب ماں جو بنی ہوں تو ہوا ہے محسوس
میں نے کہیں آج خود کو پایا ہے سکھی

کیا جانے کہاں اتنی لگا دی تاخیر
ساجن کوی آنے کی نکالو تدبیر
ایسا بھی ہے کیا، دیکھو تو جاو آکر
گودی میں ہمکتی ہے تمہاری تصویر

اک روپ نیا آپ میں پاتی ہوں سکھی
اپنے کو میں بدلی نظر آتی ہوں سکھی
خود مجھکو مرے ہاتھ حسیں لگتے ہیں
بچے کا جو پالنا ہلاتی ہوں سکھی

اب جو بھی کہو، میں جھوٹ بولوں کیسے
خوش رہتی ہوں میں تو اپنے گھر میں ایسے
جسطرح کسی کنج میں رقصاں کوئی مور
پانی میں پھرے تیرتی، مچھلی جیسے

مانا کہ برہ کا درد سہتی ہوں سکھی
اک بات عجیب تجھ سے کہتی ہوں سکھی
ہر لحہ مجھے اُن کی خبر رہتی ہے
جیسے میں اُنھیں کے ساتھ رہتی ہوں سکھی

میں اُن کا سکھی ! ہاتھ بٹا سکتی ہوں
حالات کو ہموار بنا سکتی ہوں
وہ بوجھ اُٹھائیں گے اکیلے کب تک
میں خود بھی تو کچھ بوجھ اُٹھا سکتی ہوں

وہ آئے تو پھر رہا نہ دل پر قابو
دوڑی تو سنبھالے نہیں سنبھلا پلّو
کچھ کہہ نہ سکی تو تھرتھرانے لگے ہونٹ
پلکوں پہ لرز اُٹھے خوشی کے آنسو

جب کہتی ہوں اب مجھ میں رکھا کیا ہے بھلا
وہ روپ، نہ رنگت، نہ جوانی کی ادا
کہتے ہیں. نری سی خوبصورت عورت
جو بھی ہو، رہے گی خوبصورت ہی سدا

کہتے ہیں کوئی تجھ سے لجانا سیکھے
بانہوں میں سمٹنے کا بہانا سیکھے
ہر رات نئی دولھن کا ہونا ہے گماں
سچ تجھ سے کوئی بدن چرانا سیکھے

ساڑھی کا جو بھولے سے بھی ہو نیلا رنگ
سکھیاں مری، کرتی ہیں مجھے کیا کیا تنگ
کہتی ہیں ترے من کا بتا دیں ہم چور
خود شیام ملائے ہیں ترے انگ سے انگ

وہ آٹھ پہر میرے لئے مرتے ہیں
پوجا مری، دیوی کی طرح کرتے ہیں
پھر بھی یہ حقیقت ہے کہ اب تک اُن سے
میں ڈرتی ہوں، وہ مجھ سے کہاں ڈرتے ہیں

کہتے ہیں کہ تو غم کو بھی دیدیتی ہے روپ
گھر تک نہیں محدود ترا روپ انوپ
جیون کی سلگتی ہوی راہوں میں بھی تو
جب ساتھ چلے تو نرم پڑجاتی ہے دھوپ

پلکیں مری پلکوں پہ جھکاتے رہنا
اُدھروں سے یونہی اُدھر ملاتے رہنا
دھرتی کی بجھائے پیاس جب تک ساگر
ساجن! مِری پیاس تم بجھاتے رہنا

کہتے ہیں کہ من بھی، موہنی بھی تو ہے
دھڑکے ہوئے دل کی راگنی بھی تو ہے
تیری ہی تو دین ہیں یہ سُندر نغمے
لگتا ہے مری سرسوتی بھی تو ہے

جب سوچتی ہوں کہ تم سے رشتہ کیا ہے
آنکھوں میں ہے اِک غرور سا چھا جاتا
بنیاد ہے سنسار کے ہر ناتے کی
سوچو تو سہی ، میرا تمہارا ناتا

ہر ایک مصیبت سے بچانے کو تمھیں
ہر طرح کی بات خود پہ لے سکتی ہوں
کہتی ہے کبھی کبھی تو یوں لگتا ہے
میں ماں کا بھی پیار تم کو دے سکتی ہوں

جب تم نہیں ہوتے تو جوانی میری
سوتے کی طرح سوکھ کے رہ جاتی ہے
تم آن کے بانہوں میں جو لے لیتے ہو
یووَن کی ندی پھر سے اُبل آتی ہے

وہ بڑھ کے جو بانہوں میں اُٹھا لیتے ہیں
ہو جاتا ہے معلوم نہیں کیا مجھ کو
ایسے میں نہ جانے کیوں سکھی، لگتا ہے
خود میرا بدن پھول سے ہلکا مجھ کو

میں چاہے جہاں بھی جاؤں، اُنکی نظریں
اس طرح سے گرد گھومتی ہیں میرے
لگتا ہے کہ جیسے کوئی لکھشمن ریکھا
چلتی ہے ہر اک قدم پہ مجھکو گھیرے

میں وہی کروں، جو وہ کہیں وہ چاہیں
مجھکو تو اسی بات میں چین آتا ہے
منوا بھی لوں اُن سے اپنی مرضی جو کبھی
ہفتوں کو مرا سکون مرجاتا ہے

ناراض اگر ہو تو بگڑلو ۔ مجھ پر
تم چُپ ہو تو چین کیسے آسکتا ہے
کہتی ہے یہ احساس نہ چھینو ۔ مجھ سے
مجھ پہ بھی کوئی زور چلا سکتا ہے

سچ میری تو ہر طرح مصیبت ہے سکھی
اپنے لئے ہر وقت کہیں گے بُری بات
جھنجلا کے جو منہ پہ ہاتھ رکھ دونگی کبھی
پھر کچھ نہ ہوا، تو چوم لیں گے مرا ہات

کہتے ہیں کہ سادگی کے آگے کیا ہے
کاجل کی لکیر ہو کہ غازے کا غبار
کھلتے ہوئے ہونٹ، مسکراتی آنکھیں
عورت کا نہیں اِس سے حسیں کوئی سنگھار

وہ شام کو گھر لوٹ کے آئیں گے، تو پھر
چاہیں گے کہ سب بھول کے اُن میں کھو جاؤں
جب تک اُنھیں جاگنا ہے میں بھی جاگوں
جب نیند اُنھیں آئے تو میں بھی سو جاؤں

وہ دور سفر پہ جب بھی جائیں گے سکھی
ساڑی کوئی قیمتی سی لے آئیں گے
چاہوں گی اُسے سینت کے رکھ لوں، لیکن
پہنوں نہ اُسی دن تو بگڑ جائیں گے

بس مجھکو کسی طرح سے آرام ملے
خود جان پہ تکلیف اُٹھا لیتے ہیں
کتنا اُنھیں روکتی ہوں، سنتے ہی نہیں
وہ خود کو سکھی بہت تھکا لیتے ہیں

دو چار دنوں کی کہہ گئے تھے، تم تو
کیا بات ہے، کیوں دیر لگادی اتنی
بازو پہ تمہارے قرض ہیں، یاد رہے
ساجن! مری اچٹی ہوئی نیندیں، کتنی

تم میرے لئے کیا نہیں کر سکتے ہو
(انداز اگرچہ بے خبر لگتا ہے)
اتنا مجھے چاہو نہ دوانوں کی طرح
سچ، تم سے کبھی کبھی تو ڈر لگتا ہے

کل صبح گئے تھے آج پہونچے ہونگے
خط آج ہی لکھ کر مجھے ڈالا ہوگا
دن بیت گئے آس نہ بیتی لیکن
"اس ڈاک سے بس خط آنے والا ہوگا"

پڑھتی ہوں جو خط تو کڑھ کے رہ جاتی ہوں
آتا ہے انھیں مجھ کو ستانے میں مزا
یہ تک نہیں لکھیں گے کہ وہ کیسے ہیں
کچھ ہوگا نہ بس پیار کی باتوں کے سوا

جب جاتے ہو کچھ بھول کے آجاتے ہو
اِس بار مری شال ہی کر آئے گم
کہتی ہے کہ تم سے تو یہ ڈر لگتا ہے
اک روز کہیں خود کو نہ کھو آؤ تم

خود ہِل کے وہ کیا مجال پانی پی لیں
ہر رات سدھا ہوا ہے یہی دستور
سرھانے بھی چاہے بھر کے چھاگل رکھ دو
سوتے سے مگر مجھے جگائیں گے ضرور

آتی ہے جھجک سی اُن کے آگے جاتے
وہ دیکھتے ہیں کبھی کبھی تو ایسے
گھبرا کے میں بانہوں میں سمٹ جاتی ہوں
لگتا ہے کہ میں کچھ نہیں پہنے جیسے

اب کیا تجھے بتلاؤں سکھی ری کہ اُنھیں
خوش کرنے کے آتے ہیں بہانے کتنے
کہتے ہیں کہ جب تجھ پہ نظر جاتی ہے
یاد آتے ہیں لوک گیت جانے کتنے

پہنوں کبھی پھول دار ساڑی تو سکھی
کیا کیا وہ اُڑانے چلے جائیں گے فضول
کہتے ہیں ترے تن پہ مہک اُٹھے ہیں
کمبخت کڑھے سفید ریشم کے یہ پھول

وہ پیار میں کیا کیا نہیں کہتے ہیں مجھے
رکھے چھوڑے ہیں کتنے ہی اُنھوں نے مرے نام
سن لے جو کوئی تو اُن کا کیا جائے گا
بے شرمی کا لوگ مجھکو دینگے الزام

یہ عطر سہاگ کا، یہ اُبٹن کی مہک
تو کیوں نہ سگندھوں کی دولھن کہلائے
"پر، مجھکو مری سکھی بدن سے اپنے
آئے تو فقط اُنھیں کی خوشبو آئے"

اودے اودے پہن رکھے ہیں کپڑے
دیوانی یہ کیا رنگ تجھے بھاتا ہے
"جب اُن کو پسند ہے سکھی تو مجھ کو
اِس رنگ میں ہر رنگ نظر آتا ہے"

وہ رات کو آئیں گے تو اچھا سرِ شام
میں تجھکو سجانے کے لئے آؤں گی
"سجنے کی مجھے سکھی ضرورت کیا ہے
چومیں گے جو وہ مانگ تو سج جاؤں گی"

میرے لئے جو چاہیں گے، لے آئیں گے
میں اُن کے لئے کچھ بھی جو لے آؤں خفا
کہتے ہیں مجھے اِس کی ضرورت کیا تھی
کچھ بھی نہیں یہ فضول خرچی کے سوا

اک پل کو نگاہوں سے تو اوجھل ہو جاؤں
اتنی بھی کہاں سکھی اجازت ہے مجھے
آواز پہ آواز دئے جائیں گے
ساڑی کا بدلنا بھی مصیبت ہے مجھے

باہوں میں وہ جب سمیٹ لیتے ہیں مجھے
آنکھوں میں اتر آتے ہیں لاکھوں سپنے
لگتا ہے یہ آکاش، یہ تارے، یہ کنول
سب میرے ہیں، سب میرے ہیں، میرے اپنے

مجھکو یونہی بازو سے لگائے چلنا
کانٹوں سے ہے زندگی کا رستا بھرپور
مانو کہ تمہارے ہی سہارے ساجن
جیون میں چلی آئی ہوں میں اتنی دور

میں ہی نہ بٹاؤں گی اگر غم اُن کا
غم اُن کا بھلا کون بٹائے گا سکھی
میں ہی نہ اگر اُنھیں بڑھاوا دوں گی
ہے کون جو اُن کا دل بڑھائے گا سکھی

باہر وہ جہاں بھی کام کرتے ہونگے
رہتے ہی تو ہونگے واں جھکائے ہوئے سر
گھر میں بھی نہ سر اُٹھا سکیں گے تو سکھی
رہ جائے گا اُن کا دم نہ سچ مچ گھُٹ کر

جیسے بھی ہوا، گزر بسر کرلوں گی
تم میرے ہو، یہ کم نہیں میری تسکین
نیچا نہ کروں گی خود کو سب کے آگے
اس میں نظر آتی ہے تمھاری توہین

جاڑوں کی یہ چاندنی، یہ اُجلا آنگن
آنگن میں یہ سیوتی کے ہنستے ہوئے پھول
وہ دور ہیں اے سکھی تو یوں لگتا ہے
یہ رات مرے حسین سپنوں کی ہے دھول

ایسا نہ ہو اُن کا دل کہیں دُکھ جائے
پوچھیں وہ مرا حال تو بس چپ رہنا
آنکھیں مری اشکوں سے بھری رہتی ہیں
اُن سے یہ سکھی کسی طرح مت کہنا

دیکھیں گے تو جی ہیں کڑھ کے رہ جائیں گے
لہرائیں گے اُن کے دل میں کتنے آنسو
آنچل کی بھری کھونپ چھپانے کے لئے
ساڑی کا ارستی ہے کمر میں پلّو

اچھی ہے کبھی کبھی کی دوری بھی سکھی
اسطرح محبت میں تڑپ آتی ہے
کچھ اور بھی وہ چاہنے لگتے ہیں مجھے
کچھ اور بھی میری پیاس بڑھ جاتی ہے

جس چیز کا پرہیز ہو، وہ مانگیں گے
کہتی ہے میں کب تک اُنھیں سمجھاؤں گی
ہر بات میں ضد کرتے ہیں بچوں کی طرح
سچ، آج سکھی، اُن سے میں لڑ جاؤں گی

کچھ اُن کا پتہ چلا؟ اُنھیں خط لکھا
کل سوچ رہی تھی کہ میں تجھ سے پوچھوں
"جو میرا پتہ سکھی! وہی اُن کا پتہ
وہ دور ہوں مجھ سے تو اُنھیں خط لکھوں"

جھولا جو کبھی جھولنے لگتی ہوں سکھی
باتیں ساجن کی یاد آتی ہیں مجھے
کیا جانے کہاں بیٹھ رہے وہ جا کر
کس دیس یہ کوئلیں بلاتی ہیں مجھے

چوکھٹ پہ رنگولی تو سجاتی ہیں سبھی
سینے میں سجائی ہے رنگولی میں نے
نظروں میں چٹک اٹھیں جو کلیاں تو سکھی
اُن کے لئے مالا بھی پرولی میں نے

جب وہ نہیں، آنکھوں سے تجھے کیا لینا
تاریک ہے تیرے لئے دنیا ساری
دیکھے گی کسے، پوچھ رہی ہے مجھ سے
خود مجھ میں چھپی ہوئی کوئی گندھاری

وہ تاج ہو یا نشاط یا وندرا بن
اک لمحے کو جم جائے تو جم جائے نظر
پھر بھی مرا احساس یہی رہتا ہے
دنیا میں ہے سب سے خوبصورت مرا گھر

وہ لوٹ کے آئیں گے تو آ جائے گی آگے
خوشیاں مرے دوار آ پکاریں گی سکھی
آنگن میں قدم رکھیں گے جس دم ساجن
آنکھیں مری، آرتی اُتاریں گی سکھی

ہر بار تپسیا سے جیتا ہے اُنھیں
وہی مرے سوامی ہیں وہی میرے پتی
اُن سے ہے مرا جنم جنم کا ناتا
اُوما ہوں کبھی میں، تو کبھی پاروتی

★ ★ ★

منتخب نظموں اور غزلوں کا ایک یادگار مجموعہ

نذرِ بُتاں

مصنف : جاں نثار اختر

بین الاقوامی ایڈیشن جلد منظر عام پر آرہا ہے